DON CARLOS, ROI LÉGITIME

I

LA PRAGMATIQUE DE 1713

PAR

M. HENRY LEMOINE

II

LA PRAGMATIQUE DE 1789

ET LE TESTAMENT DE FERDINAND VI

PAR

M. VICTOR GAY

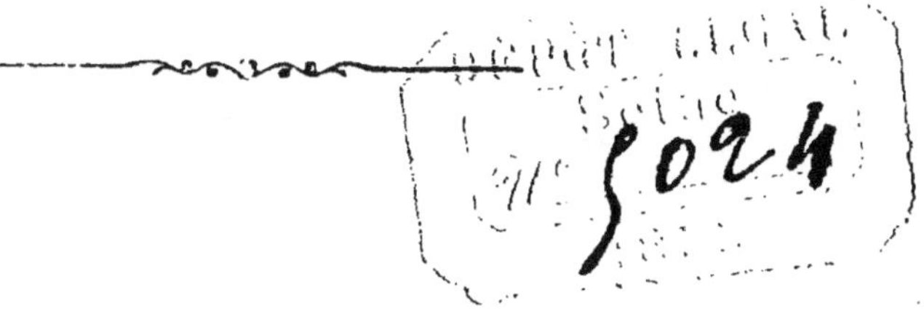

PARIS

FÉCHOZ, ÉDITEUR

RUE DES SAINTS-PÈRES, 5

—

1875

Beaucoup de Français se préoccupent de la *Question espagnole*, et désirent être fixés sur les droits de Don Carlos. A la demande d'un groupe d'hommes impartiaux, MM. Henry Lemoine et Victor Gay ont résumé les arguments développés dans les ouvrages suivants :

Les Droits de Don Carlos au trône d'Espagne, par le comte del Pinar ;

La Question dynastique, par Aparisi y Guijardo ;

La Succession au trône d'Espagne, par le P. Bauer.

DON CARLOS, ROI LÉGITIME

LA PRAGMATIQUE DE 1713

Bien que le Roi légitime d'Espagne porte le nom de Charles VII, il a semblé bon de l'appeler du nom si populaire, par lequel il est surtout connu de tous.

Pour s'expliquer le nom du Roi, et pour mieux comprendre l'étude historique que nous entreprenons, il est utile que nous la fassions précéder du tableau généalogique suivant, qui, tout le monde le sait, commence par Louis XIV, chef de la branche aînée de la maison de Bourbon :

Louis XIV, roi de France.

Monseigneur le grand Dauphin.

Duc de Bourgogne,
Réservé au trône de France.

Philippe V,
Roi d'Espagne.

Louis XV,
Roi de France.

Louis Ier,
Roi d'Espagne.

Ferdinand VI,
Roi d'Espagne.

Charles III,
Roi d'Espagne.

Charles IV,
Roi d'Espagne.

Ferdinand VII,
Roi d'Espagne.

Charles V, ou Don Carlos,
Roi *légitime.*

Isabelle,
Dite Isabelle II.

Charles VI,
Roi *légitime.*

Jean III,
Roi *légitime.*

Alphonse,
Dit Alphonse XII.

Charles VII, ou Don Carlos,
Roi *légitime.*

Alphonse.

Jacques, prince des Asturies.

Bien que ce soit un coup de force militaire qui ait appelé le jeune Alphonse à Madrid, et qu'il ne tienne le pouvoir que de la seule espérance du parti libéral de faire à sa guise la révolution en Espagne, grâce à la faiblesse d'un enfant de dix-huit ans, certains prétendent rattacher les droits d'Alphonse (XII) aux droits d'Isabelle (II). Nous qui reconnaissons Charles VII comme le Roi légitime d'Espagne, non par le succès d'un pronunciamento, mais en vertu de la constitution fondamentale du royaume, nous savons qu'il a reçu la couronne des mains de son auguste père Jean III, qui a abdiqué en 1863, et qui avait succédé à son frère aîné Charles VI, comte de Montémolin, mort en 1861, lequel avait succédé à Charles V, frère de Ferdinand VII, roi d'Espagne.

La question consiste donc à examiner les droits opposés d'Isabelle (II) et de Charles VII. Ces droits seront déterminés par la loi de succession d'Espagne. Quelle est cette loi? Nous prétendons que c'est la loi apportée par Philippe V en Espagne, et revêtue de l'approbation des Cortès de 1713, loi qui consacre les droits des mâles à tout degré à la couronne, et n'admet les femmes qu'à l'extinction de toute descendance masculine, c'est-à-dire qui excluait Isabelle et, par suite, sa descendance, tant qu'il existerait des frères de Ferdinand VII et des descendants mâles de ces frères, et cela *in infinitum*. Il y a donc à établir la légitimité de cette loi : telle sera la première partie du travail. On objecte que cette loi a été abolie ; il faudra donc examiner si cette loi a été réellement abolie, et si elle l'a été légalement : telle sera la seconde partie du travail.

Loi quasi-salique de Philippe V. — Il est arrivé quelquefois que les femmes ont pu monter sur le trône ; et c'est pour cela, en partie, que les chrétiens d'Espagne ont mis huit siècles à chasser les Arabes, et à former l'unité nationale sur les débris de l'Islamisme. Il est bon de remarquer toutefois qu'une restriction était apportée dans l'étendue de cette tolérance en faveur des femmes ; la princesse héritait de la cou ronne, mais c'était son mari qui régnait. Ainsi en a-t-il été de Ferdinand V à l'égard d'Isabelle la Catholique. Cette tendance à arriver à la loi salique se manifesta, au reste, bien avant l'arrivée des Bourbons. Ainsi, lorsque la monarchie fut établie fortement par Charles-Quint, la maison d'Autriche ne donna que des Rois à l'Espagne (Philippe II, Philippe III, Philippe IV, Charles II); et, lorsqu'on mariait une infante à un prince étranger, on la faisait renoncer à ses droits sur la couronne d'Espagne (Anne d'Autriche épousant Louis XIII, roi de France, Marie-Thérèse épousant Louis XIV). C'était une nouvelle coutume excluant les femmes qui s'établissait et détruisait l'ancienne coutume qui les avait admises. Ce n'est pas assez : une loi fondamentale a établi, en 1713, la succession quasi-salique.

Philippe V, petit-fils de Louis XIV, avait été appelé au trône d'Espagne par le testament de Charles II, dernier prince de la maison d'Autriche. Les Espagnols, qui aimèrent les Bourbons le premier jour qu'ils les connurent, se battirent pendant près de quinze ans pour les défendre contre l'Europe. Philippe V, à qui l'Espagne s'était si généreusement dévouée, dut renoncer à toute prétention sur le trône de France, pour conserver ses droits au trône d'Espagne ; il fit alors remarquer à l'Europe qu'il mettait une condition à cette renonciation, c'est que les femmes ne seraient admises à succéder en Espagne, qu'à défaut de tout héritier mâle, car autrement il arriverait ceci : supposé l'avénement d'une de ses petites-filles, celle-ci épouserait probablement un prince étranger, et la branche masculine de Bourbon, qui aurait renoncé à ses droits au trône de France, n'aurait plus de droits sur le trône d'Espagne. L'Europe comprit la légitimité de cette observation, et la loi quasi-salique fut admise en faveur de Philippe V et de sa dynastie, aux traités internationaux d'Utrecht, de Rastadt et de Bade, par toutes les nations signataires. Il s'agissait de faire valider cette convention par les Cortès. On assurait l'équilibre européen en empêchant la réunion sous un même sceptre de la France et de l'Espagne, par la renonciation de Philippe V; on l'assurait également en appelant la maison de Savoie au trône, à l'extinction de la dynastie de Bourbon, afin d'exclure à tout jamais la maison d'Autriche. Il fallait assurer le bonheur de l'Espagne par le pacte fondamental juré, sous la foi du serment, par Philippe V et les Cortès, qui étaient les deux parties contractantes.

Tout fut régulier dans la confection de cette loi de succession, la première et la seule qui ait été faite en Espagne, puisque auparavant il n'y avait eu que la coutume. Le Roi et la nation tombèrent d'accord sur les bases de cette loi, garantie par la foi des traités, que l'Europe tout entière avait signés. La nation fut librement consentante, et approuva la loi par l'organe des Cortès, en pleine connaissance de cause. On sait qu'en Espagne, lorsque le Roi convoquait les royaumes, il *faisait connaître* l'objet de la convocation, surtout lorsqu'il s'agissait d'une matière fondamentale. Le peuple donnait à ses représentants un mandat renfermé dans la limite de cet objet, et ceux-ci ne pouvaient la dépasser. On se rappelle qu'il en était de même en France pour les députés des États généraux ; tant il est vrai que la véritable volonté nationale n'a jamais pu s'exprimer aussi librement que sous le régime monarchique ; tant la révolution est la dernière expression d'esclavage où l'on puisse mener un peuple, pour le conduire ensuite à sa perte, ou le jeter dans les bras des Césars corrompus. Philippe V fit donc connaître aux villes et aux bourgs ayant droit de vote dans les Cortès son intention de voir établir définitivement une loi de succession, qui serait le contrat d'alliance de la nation et de sa dynastie. Or, les contrats de cette nature sont irrévocables. C'était le 6 septembre 1712.

Trois mois plus tard, le 9 décembre 1712, le Roi fit part de ce qui s'était passé. La loi fondamentale reconnaissait que le mâle plus éloigné descendant d'un mâle serait toujours préféré à la femme plus proche et à ses descendants. On avait auparavant obtenu l'approbation du conseil d'Etat, celle du conseil royal de Castille, l'avis conforme

du fiscal, selon les obligations de sa charge ;
puis les Cortès nommées par le peuple, in-
formé préalablement du motif pour lequel
elles allaient se réunir à Madrid, furent invi-
tées à donner une plus grande validité, stabi-
lité et solennité à cet acte, et elles la donnèrent de grand cœur. Dans cette déclaration
nouvelle de Philippe V, on reconnaît l'amour
légendaire de ces Bourbons qui ont tant
aimé le peuple : « C'est mon devoir, dit le
Roi, de préférer leur (mes royaumes et mes
sujets) bonheur à ma tendresse naturelle et
à mes affections ; car, si elles m'arrêtaient
à décider en faveur des femmes de ma descendance, ce bonheur pourrait être compromis. » Ainsi, dans la pensée de Philippe V, la loi quasi-salique était faite pour
le bonheur du peuple, et il repoussait la
descendance des femmes vers laquelle les
affections personnelles l'auraient plutôt
poussé. En effet, il est naturel qu'un prince,
qui n'en est pas moins père, aime mieux
paternellement voir monter sur le trône sa
fille que son frère, parce qu'il est naturel
de préférer sa fille à son frère. Ce sentiment

paternel, pour le bonheur du peuple et pour le salut de l'État, Philippe V le refoulait au fond de son cœur et faisait prévaloir la loi quasi-salique, gage assuré de prospérité. Il mettait sa famille au service de la patrie. Son descendant, Ferdinand VII, n'a pas eu le même courage, il a sacrifié le bonheur de l'Espagne à son aveugle tendresse pour sa fille, pour sa quatrième femme et pour sa mère. Trois femmes l'ont emporté sur l'intérêt de la patrie. En Don Carlos, dont les droits ont été violés, s'incarne la patrie sacrifiée, et si l'Espagne veut de nouveau connaître le bonheur dont elle a joui sous ses rois légitimes, il faut qu'elle salue celui qui seul est le roi, et qui s'appelle Charles VII, en vertu de la loi quasi-salique de Philippe V, proclamée à Madrid le 10 mai 1713.

LA PRAGMATIQUE DE 1789

Nous venons de voir que la pragmatique de 1713 n'avait méconnu aucun droit, et qu'elle était conçue de façon à assurer la sécurité et la prospérité de l'Espagne. Pourtant, en 1789, Charles IV crut devoir l'abroger. Pourquoi? Les historiens ne sont pas d'accord sur les motifs qui le guidèrent; mais, si nous en croyons les écrivains libéraux, ces motifs lui font peu d'honneur. Sans tenir compte de l'intérêt du royaume, il obéit à des sentiments d'ambition personnelle, et voulut assurer sur la tête de sa fille Carlotta une couronne, que les infants Ferdinand et Charles, souvent malades pendant leur jeunesse, ne semblaient pas devoir porter. De plus, Carlotta était mariée à l'héritier du trône de Portugal, et l'on espérait réunir sous le même sceptre les deux nations de la Péninsule.

Mais, pour voter une pragmatique abrogeant celle de 1713, il fallait observer certaines formalités, qui, pour la plupart, furent violées. Nous rencontrerons, en effet, des villes auxquelles on n'indique pas l'objet de la délibération des Cortès, des députés auxquels on fait jurer le secret sur des mesures qu'ils vont décider sans en délibérer, un conseil d'État et un conseil de Castille dont on ne prend pas l'avis, une loi que le Roi ne sanctionne pas et qu'il ne promulgue pas.

Le 31 mai 1789, Charles IV adressa aux villes et aux bourgs ayant droit de vote aux Cortès une lettre-circulaire, dans laquelle il disait :

« J'ai résolu d'ordonner, comme je le fais, que vous nommiez en la forme dont vous avez coutume d'user en semblables cas, des députés, qui, en votre nom et au nom de toute la province, prêteront le serment que vous êtes obligé à faire au prince Ferdinand, mon fils, et que vous octroyiez à ces députés et qu'ils apportent avec eux vos pouvoirs amples et suffisants pour ledit effet, et pour traiter, entendre, pratiquer, conférer, octroyer et conclure en l'Assemblée des Cortès *d'autres affaires*, si elles étaient proposées, qu'il paraîtrait convenable de résoudre, régler et accorder touchant l'objet ci-dessus rapporté! »

D'après les termes de la lettre royale, personne ne pouvait comprendre qu'il s'agissait de faire des lois nouvelles sur le mode de succession au trône. Car il fut entendu, de tout temps, en Espagne, que les pouvoirs généraux donnés aux députés n'étaient valables que pour la décision des affaires ordinaires, et que, toutes les fois qu'une circonstance grave ou exceptionnelle se présentait, il était nécessaire que les villes leur accordassent des pouvoirs particuliers. Lorsqu'en 1712, les Cortès réunies pour approuver le traité d'Utrecht eurent achevé leur œuvre, Philippe V ne crut pas qu'elles eussent mandat pour voter sur une loi de succession, et il pria les villes de leur donner le droit de discuter cette question. En 1425, les Cortès furent suspendues jusqu'à ce qu'elles eus-

sent reçu de leurs villes le pouvoir de prêter serment au prince héritier, parce qu'on
ne jugea pas leurs pouvoirs généraux suffisants pour cela. Si les pouvoirs spéciaux
étaient nécessaires en cette occurrence,
combien plus l'étaient-ils en 1789, alors
qu'il s'agissait, en changeant le statut fondamental, de priver un prince déjà né de
son droit à la couronne, et, par conséquent,
de jeter la perturbation dans l'Espagne
tout entière.

Mais cette illégalité n'est pas la seule.
Les Cortès une fois réunies, on exigea de
chacun des députés le serment solennel de
ne dévoiler, ni aux particuliers, ni même
aux villes qui avaient voix aux Cortès, ce
qui allait être décidé. Non-seulement on
agit sans consulter la nation qui avait le
droit d'être avertie d'avance, mais on
prit la résolution de lui cacher l'illégalité
qu'on allait commettre.

Après avoir prêté ce scandaleux serment,
les Cortès écoutèrent la lecture d'un long
factum, qui affirmait que l'acte de 1713 avait
violé les lois de la monarchie, et qu'il était

temps de l'abolir. Ne croyez pas que la discussion fut ouverte sur ce point. Les ministres savaient fort bien que leurs affirmations n'auraient pas tenu, si on avait voulu les contrôler ; aussi, sous prétexte qu'il était urgent de prendre une décision, procéda-t-on immédiatement au vote. Personne ne put présenter une seule observation, personne ne put demander des éclaircissements sur ces *circonstances urgentes*, qui obligeaient le gouvernement à faire abroger une loi, que personne jusqu'à présent n'avait trouvée mauvaise.

Si au moins on avait apporté, comme cela s'était fait en 1713, un avis favorable du conseil d'Etat et du conseil de Castille, on pourrait croire que cette résolution avait été pesée et qu'on en avait prévu les conséquences ; mais rien ! rien, que les affirmations d'un ministre, affirmations contraires, on le sait, à la vérité historique.

Qu'étaient donc ces députés qui trahissaient ainsi les villes qui les avaient envoyés, et qui avaient assez peu d'amour-propre pour prêter les yeux fermés, la main à l'accomplissement d'une injustice si criante? Certes, des hommes ne se résignent pas à un tel rôle, s'ils ne trouvent d'autre part quelques compensations. Celles que reçurent les députés de 1789 sont de telle sorte, que nous ne comprenons pas qu'on ait la moindre confiance dans leurs votes, car ces votes furent véritablement vendus. Le *Mercure*, journal qui se publiait à cette époque, donne la liste curieuse des emplois, bénéfices, pensions, etc., qui leur furent accordés; et cette liste est confirmée dans une lettre adressée par le ministre Florida-Blanca au président Campomanès. « Qu'on propose, y lit-on, les faveurs à accorder à ces hommes-là, et qu'ils s'en aillent! » « Qu'ils s'en aillent! » mot bien dur, mais qui montre tout le cas que faisait de ces vendus celui-même qui les avait achetés.

Quand il eut entre les mains la pragmatique, le roi Charles IV comprit bien qu'elle n'avait pas été votée dans des conditions légales; et, prétextant les avis qu'il avait à prendre, il ne la promulgua pas dans les

Cortès, ainsi qu'il aurait dû le faire pour la rendre *exécutoire*. Bien plus, il la laissa s'égarer; de son cabinet, elle passa dans les mains on ne sait de qui, et, finalement, on la retrouva chez un marchand de vieux papiers; c'est le ministre Cevallos qui le dit formellement dans un rapport daté du 26 octobre 1811. Quelle confiance faut-il accorder à un document trouvé dans une boutique de vieux livres? Médiocre, assurément. Mais nous ne tenons pas à discuter sur ce point. L'authenticité de la pragmatique ne lui enlève par son illégalité.

La décision prise par les Cortès ne fut donc·pas sanctionnée par le roi; cela seul suffit pour rendre nul ce qu'elle renferme. Mais il y a plus. En 1805, Charles IV ordonna de rassembler en un recueil, appelé *Novisima Recopilacion*, toutes les lois fondamentales du royaume. Qu'y inséra-t-on comme règle de succession au trône? La pragmatique de 1789? Non, mais bien celle de 1713, en vertu de laquelle l'héritier présomptif était Ferdinand, et, en cas de décès sans enfants mâles, Don Carlos.

C'est là, il faut le reconnaître, une preuve convaincante que le roi Charles IV était résolu à s'en tenir à la loi de Philippe V.

Et qu'on ne vienne pas contester l'autorité de la *Novisima Recopilacion*, car les écrivains libéraux de l'Espagne l'admettent, et l'un d'eux va jusqu'à dire que ce recueil « est le code classique et de première autorité entre tous ceux de la nation ! »

Vingt-cinq ans après la promulgation de la *Novisima Recopilacion*, Ferdinand VII, circonvenu par son épouse, Marie-Christine, ordonna de publier comme loi ce qui n'avait été qu'un projet de loi ; ce qui, nous l'avons prouvé, n'avait pas reçu la sanction de Charles IV ; ce qui, par conséquent, manquait d'une autorité qu'on ne pouvait lui donner après coup. Il n'entre pas dans notre cadre de dire à la suite de quelles manœuvres avait eu lieu le quatrième mariage de Ferdinand, source de tant de malheurs pour l'Espagne. Nous ne voulons pas non plus dévoiler les humiliations à la suite desquelles ce faible roi viola la pragmatique de 1713, se laissa arracher un consentement, dont il savait si bien l'injustice, que, quelque temps après, tourmenté par les remords, il la rétracta. Mais cette rétractation ne faisait point le compte de Marie-Christine, et de Louise-Charlotte, sa sœur, qui voyaient la régence et l'influence politique leur échapper. Elles tourmentèrent de nouveau le roi qui, affaibli par la maladie, ne sut pas leur résister, et qui, de nouveau, leur accorda ce qu'elles lui demandaient.

Franchement, peut-on appuyer un droit sur un testament fait de cette sorte, sur la publication d'une pragmatique, quarante ans après son vote par les Cortès? C'est pourtant ce qu'ont fait les partisans d'Isabelle, ce que font encore aujourd'hui les partisans de Don Alphonse.

Ceux qui, en 1833, ont écarté Charles V du trône, n'ont pas agi ainsi, pour obéir à ce qu'ils appelaient « la loi antique de la nation », mais pour satisfaire des ambitions, qui n'auraient pu se faire une place sous le roi légitime. Les *libéraux* détestaient dans

Don Carlos son attachement à la religion catholique, et son respect pour les vieilles franchises espagnoles. Ils ont abusé de la faiblesse et de la maladie du Roi, pour lui arracher une promesse contraire aux intérêts du royaume. Mais que leur importaient les intérêts du royaume, pourvu que le pouvoir restât entre leurs mains ?

Retiré en Portugal, Don Carlos maintint respectueusement, mais énergiquement ses droits. A son frère, qui exigeait qu'il vînt prêter serment de fidélité à la jeune Isabelle, il répondit : « J'ai des droits si légitimes à la couronne, supposé que je te survive et que tu ne laisses pas d'enfants mâles, que je ne puis y renoncer. Ces droits, Dieu me les a donnés quand sa volonté me fit naître ; Dieu seul peut me les enlever en t'accordant un fils, que je désire autant et peut-être plus que toi. D'ailleurs, en cela je défends la justice du droit, qui appartient à tous ceux qui sont appelés au trône après moi. »

D'autres protestations suivirent celles de Don Carlos. L'archevêque de Tolède, qui, d'après les anciennes traditions de la monarchie, devait présider la cérémonie du serment, refusa de s'y présenter. Ferdinand de Naples renouvela, le 18 mai 1833, les plaintes que son père François Ier avait déjà fait entendre le 22 septembre 1830, et il accusa formellement Ferdinand VII de violer les traités internationaux.

En France, les ministres de la Restauration et du gouvernement de Juillet protestèrent successivement; et Louis-Philippe, alors qu'il n'était que duc d'Orléans, manifesta hautement son blâme, et engagea Charles X à s'opposer à un acte, qui, disait-il, compromettait l'avenir de la maison de Bourbon.

Malgré cette opposition, Marie-Christine l'emporta, et bientôt commencèrent les aventures, qui ont compromis la sécurité de l'Espagne et terni sa gloire. En trois ans, la Régente usa plusieurs ministères, et parcourut tous les degrés de l'opinion libérale, tant qu'enfin le pouvoir tomba entre les mains de Mendizabal, le chef du parti radical. Entre temps, les révolutionnaires de

la rue se donnèrent le plaisir d'envahir
couvents, d'en chasser ceux qui les ha
taient et souvent de les assassiner. Ce s
des exploits familiers à ces gens-là ; l'
pagne, sous le règne d'Isabelle et la régen
de Marie-Christine, ne pouvait pas en ê
dispensée.

Il est inutile de continuer cette histo
lamentable. Les événements se sont succé
toujours fidèles aux principes révolutio
naires posés en 1830. Le dernier anneau
cette chaîne est la proclamation de D
Alphonse, par un *pronunciamento*. Combi
de temps durera un règne commencé s
de tels auspices ?

Paris. — Impr. Pillet fils aîné, rue des Grands-Augustins, 5.

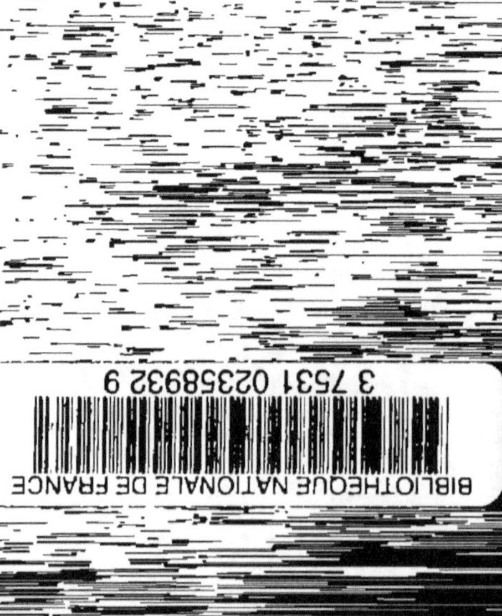